Zum gelungenen Essen ein schön gedeckter Tisch –

und während Sie für Ihre Gäste die ungewöhnlichen Sets und Tischkärtchen basteln, dürfen Sie sich schon auf deren erstaunte Gesichter freuen.
Fast zu schade, um Teller darauf abzustellen, sind die unkomplizierten Sets und Tischdekorationen. Alles läßt sich ohne großen Aufwand nachbasteln, und einen Großteil des benötigten Materials finden Sie sicher noch in Ihrer Bastelkiste.
Nehmen Sie sich also etwas Zeit und überraschen Sie Ihre Gäste bei der nächsten Einladung einmal mit liebevollem, originellem Tischschmuck.

D1859059

Festliches Set mit großer Schleife

Die Schleife allein ist ein hübscher Tischschmuck für Hochzeit oder Taufe.

Sie brauchen für 1 Set und 5 kleine Schleifchen:
1 Stück Karton von 32 x 50 cm Größe
Schere • 1 Stück Geschenkpapier von 50 x 70 cm Größe • Alleskleber
60 cm sehr schmales Seidenband
Sie brauchen für 1 große Schleife:
1 Stück Tupfentüll von 50 x 50 cm Größe
3 je 80 cm lange Stücke Ringelband
1 Stück Geschenkpapier von 24 x 40 cm Größe • 1 m lange, dicke Silberkordel
80 cm langes und 4 cm breites Seidenband • Schere • Stecknadel

1

Für das Set das Kartonstück mit der Schere an einer Längskante großzügig abrunden und mit Geschenkpapier bekleben.

2

Aus dem restlichen Geschenkpapier 5 Streifen von je 6 x 10 cm Größe schneiden. Jeden Streifen von der Schmalseite aus in knapp 1 cm tiefe Zickzackfalten knicken. Die gefalteten Stücke jeweils in der Mitte mit einem 12 cm langen Stück Seidenband raffen. Das Band zu einer kleinen Schleife binden.

3

Für die große Schleife das Tüllquadrat in einer Diagonalen raffen. Die 3 Ringelbänder um die geraffte Mitte binden.

4

Den Streifen Geschenkpapier parallel zur Längsseite in 2 cm tiefe Zickzackfalten knicken, auf den Tüll legen und mit dem Ringelband festbinden.

5

Die Silberkordel an den Enden etwa 4 cm aufribbeln und die Fransen mit je einem Knoten fixieren. Nun die Kordel zu einer Schleife legen und mit dem Ringelband festknoten.

6

Das Seidenband ebenfalls zu einer Schleife legen und auf der Silberkordel festbinden. Zuletzt das Ringelband mit einer Stecknadel in feine Streifchen spalten und die Enden des Seidenbandes schräg zuschneiden.

Festliche Menü- und Tischkarte

Passend zum festlichen Set mit großer Schleife.

Sie brauchen für 1 Menükarte:
1 Stück Fotokarton von 21 x 24 cm Größe • Lineal • Schneidemesser • Zirkel Schere • 1 Stück Geschenkpapier von 10 x 25 cm Größe
10 cm sehr feines Seidenband
Alleskleber • schwarzen Filzstift oder Tusche und Feder
Sie brauchen für 1 Tischkarte:
1 Stück Fotokarton von 10 x 10 cm Größe • Zirkel • Schere • Lineal Schneidemesser • 1 Stück Geschenkpapier von 6 x 14 cm Größe
Alleskleber • 10 cm sehr feines Seidenband • Filzstift

1

Für die Menükarte den Karton der Länge nach in der Mitte mit dem Schneidemesser anritzen und knicken. Sie erhalten ein Rechteck von 12 x 21 cm Größe. An einer Schmalseite mit dem Zirkel einen Halbkreis von 12 cm Ø ziehen. Den Halbkreis mit der Schere ausschneiden. Die Mitte des Bogens 2 cm breit v-förmig zur Zirkeleinstichstelle hin einschneiden.

2

Von dem Streifen Geschenkpapier 4 cm abschneiden. Den restlichen Streifen von der Schmalseite aus in etwa 1 cm tiefe Zickzackfalten knicken und in der Mitte mit dem Seidenband raffen. Das Band zu einer Schleife binden. Die Falten mit Alleskleber bestreichen und halbkreisförmig auf die Karte kleben, die Mitte um den Ausschnitt frei lassen.

3

Das übrige Geschenkpapierstück auf 4 x 8 cm kürzen und an einer Längskante rund zuschneiden. Unterhalb des Papierfächers auf die Karte kleben und mit Filzstift beschriften.

4

Für die Tischkarte auf dem Karton mit dem Zirkel einen Halbkreis von 10 cm Ø ziehen und ausschneiden. Die Mitte des Bogens 2 cm breit v-förmig zum Zirkeleinstichpunkt hin einschneiden. Mit dem Schneidemesser den Karton im Abstand von 2,5 cm zur geraden, unteren Kante einritzen und knicken.

5

Von dem Geschenkpapier ein 3 cm breites Stück abschneiden, an einer Längskante abrunden und in die Mitte des Ausschnitts kleben. Das restliche Papier in knapp 1 cm tiefe Zickzackfalten knicken, in der Mitte mit dem Seidenband raffen. Das Band zubinden. Den Papierfächer an die Spitze des Ausschnitts kleben. Das Kärtchen beschriften.

Menü
Kathi
Georg

Set in Schwarz und Rot

Überraschen Sie damit Liebhaber fernöstlicher Spezialitäten.

Sie brauchen für 1 Set:
1 Stück schwarzen Fotokarton von 31 x 45 cm Größe • Lineal
Schneidemesser • 1 Stück goldfarbene Klebefolie von 9 x 9 cm Größe • Zirkel
Schere • 1 Stück schwarze Lackklebefolie von 31 x 41 cm Größe
35 cm langes und 3,5 cm breites Seidenband • Alleskleber • 1 Stück roten Fotokarton von 31 x 45 cm Größe
dicken Goldfaserstift

1

Von dem schwarzen Karton mit dem Schneidemesser einen 4 cm breiten und 31 cm langen Streifen abschneiden; auf ihn wird später der Name geschrieben. Aus der Goldfolie mit Hilfe des Zirkels einen Kreis von 9 cm Ø schneiden.

2

Das schwarze Kartonrechteck mit der schwarzen Lackfolie beziehen und der Schemazeichnung entsprechend in 3 Dreiecke schneiden. Das kleinste (1) und das größte (2) werden für das Set gebraucht. Das mittlere (3) können Sie für den Tischschmuck (Seite 10/11) verwenden.

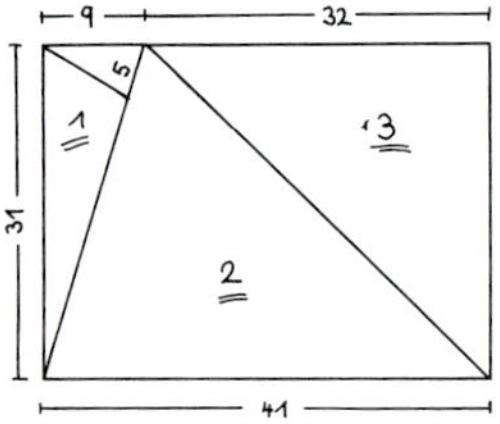

3

Das große Dreieck nun der Schemazeichnung entsprechend mit dem Kartonstreifen (2,5 cm von der Kante entfernt), dem Seidenband und dem goldenen Kreis bekleben. Die überstehenden Enden des Kartonstreifens zurechtschneiden, die des Seidenbandes an der Rückseite ankleben.

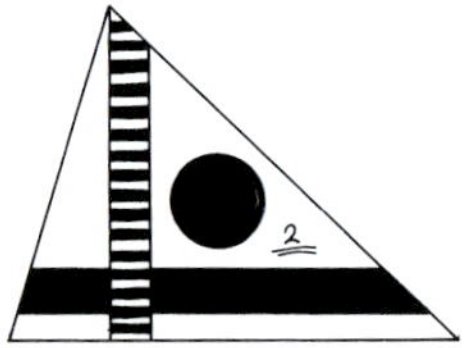

4

Das große und das kleine Lackdreieck jeweils im Abstand von 4 cm zur Kante auf den roten Karton kleben. Mit Goldstift den schwarzen Kartonstreifen beschriften.

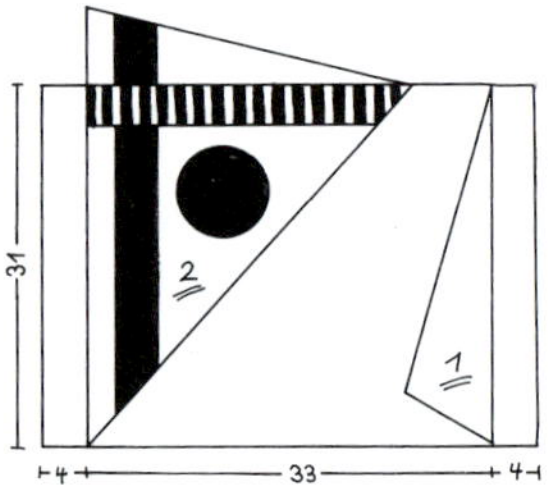

MICHAEL

Japanischer Bambusschmuck

Hier werden natürliche und künstliche Materialien dekorativ kombiniert.

Sie brauchen für 1 Bündel:
1 Packung Naturbast • Schere
1,5 m langes und 3,5 cm breites Seidenband • Stecknadel • 1 Stück schwarzen Fotokarton von 24 x 24 cm Größe
1 Stück goldfarbene Klebefolie von 6 x 12 cm Größe • Zirkel
6 dicke Bambusrohre zwischen 35 und 50 cm Länge (gibt es im Gartencenter)
spitzes Messer
Sie brauchen für 1 Serviettenring:
2 je 20 cm lange Stücke Papierschnur
12 cm Biegesamt • 30 cm Ringelband

1

Für das Bündel den Bast in 1 m lange Stücke schneiden und zu einem Büschel zusammenlegen.

2

Die Mitte des Seidenbandes der Zeichnung entsprechend in 4 jeweils kleiner werdende Schlaufen legen und mit der Stecknadel fixieren.

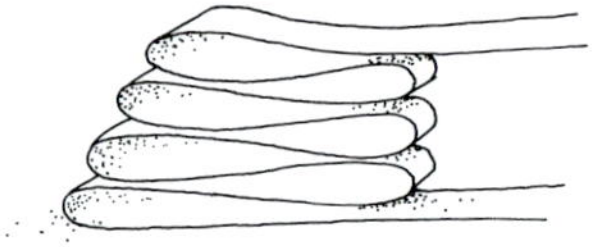

3

Den Fotokarton diagonal in 2 Dreiecke teilen. Ein Dreieck der Schemazeichnung entsprechend zuschneiden.

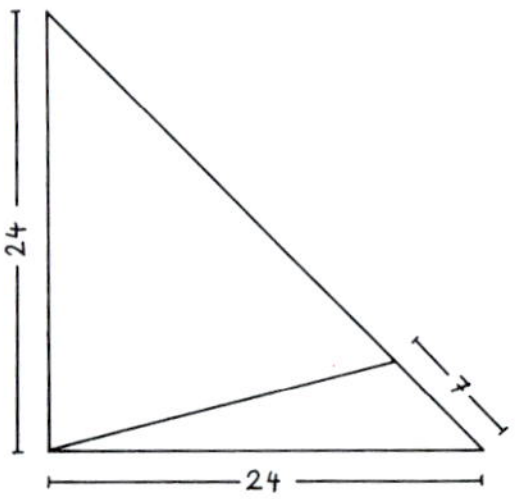

4

Aus der Goldfolie 2 Kreise von je 6 cm Ø mit dem Zirkel markieren, ausschneiden und jeweils in die Spitze des Dreiecks auf die Vorder- und Rückseite kleben.

5

Die Bambusstücke übereinanderlegen. Das Bastbüschel zweimal darumwickeln und verknoten, dabei das Seidenband an der fixierten Stelle mitfassen.

6

Die Bambusstücke um die Bastmitte auseinanderdrehen. Mit der Messerspitze das zuoberst liegende Rohr an einer Stelle etwas spalten. Das Kartondreieck in diesen Spalt stecken.

7

Für den Serviettenring die Enden der Papierschnüre jeweils 5 cm weit auffalten. Die Enden kreuzen, aneinanderlegen und mit dem Biegesamt umwickeln, dabei das Ringelband mitfassen.

Osterei

Gewöhnliche Wellpappe wird hier zum Farbtupfer beim Osterfrühstück.

Sie brauchen für 1 Set:
1 Stück Wellpappe von 35 x 45 cm Größe • Plakafarbe • Pinsel • Schere
je 1 Stück hell- und dunkelgrünen Fotokarton von 15 x 35 cm Größe
1 Stück Geschenkpapier von 10 x 40 cm Größe • Alleskleber • 1 Stück Geschenkpapier von 10 x 50 cm Größe
2, je 30 cm lange Stücke Ringelband

1

Die Wellpappe mit Plakafarbe bestreichen, dabei die Farbe nicht zu naß nehmen, da sich sonst die Pappe zu sehr wellt. Trocknen lassen.

2

Nach dem Trocknen die Pappe mit der Schere oval zuschneiden.

3

Für das Gras die beiden grünen Kartonstreifen der Schemazeichnung entsprechend an einer Längskante bis auf 4 cm (gestrichelte Linie) unregelmäßig tief ausschneiden, aufeinanderkleben.

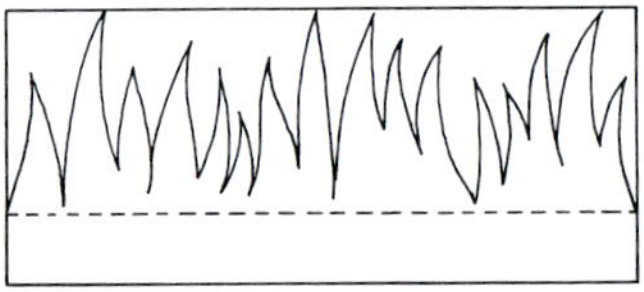

4

Den kürzeren Streifen Geschenkpapier schräg um das Pappei kleben. Den längeren zu einer Schleife legen (Seite 34/35) und in der Mitte raffen. Beide Ringelbänder um die Mitte knoten. Die Enden straff über eine Schneidekante der Schere ziehen und ringeln.

5

Den grünen Kartonstreifen auf das Ei, die Schleife auf das Band kleben.

Stoffeier und Tischkarte

Diese Dekoration sollten Sie mindestens 1 Tag vorher basteln!

Sie brauchen für 3 Stoffeier in verschiedenen Größen:
1 Eßl. Tapetenkleister • 1/4 l Wasser
je 1 Stück festen Karton von 20 x 28 cm, 12 x 16 cm und 9 x 12 cm Größe • Schere • Pinsel • 3 Stück Baumwollstoff in verschiedenen Musterungen gleicher Farbe von 22 x 30 cm, 14 x 18 cm und 11 x 14 cm Größe
Sie brauchen für 1 Tischkarte:
2 Stück Wellpappe von je 9 x 12 cm Größe Plakafarbe • Pinsel • Schere
2 Stück grünen Fotokarton von je 5 x 10 cm Größe in verschiedenen Farbtönen • Schneidemesser
1 Stück Tonpapier von 3 x 12 cm Größe Filzstift • 10 cm langes und 3 cm breites Geschenkband • 10 cm langes Ringelband

1

Für die Stoffeier den Kleister mit dem Wasser verrühren und 20 Minuten quellen lassen. Dann kräftig durchschlagen.

2

Die Kartonstücke oval zuschneiden und nicht zu dick mit Kleister bestreichen. Die entsprechenden Stoffstücke straff aufkleben und über Nacht trocknen lassen. Nun den Stoff nach der Eiform zuschneiden. Sollten sich die Eier beim Trocknen anfangs wellen, beschweren Sie sie mit einem Stapel Bücher.

3

Für die Tischkarte die Wellpappe mit Plakafarbe bemalen und trocknen lassen, dann oval zuschneiden. Beide Stücke aneinanderkleben.

4

Die beiden grünen Kartonstreifen der Schemazeichnung auf Seite 12 entsprechend jeweils an einer Längskante bis auf etwa 2,5 cm (gestrichelte Linie) unregelmäßig tief ausschneiden. An der gegenüberliegenden glatten Kante den Streifen der Länge nach im Abstand von 1 cm zum Rand mit dem Schneidemesser einritzen. Jeden Streifen entlang dieser Linie knicken. Das Pappei zwischen die ausgefransten Kanten kleben.

5

Den Tonpapierstreifen mit Filzstift beschriften und schräg auf das Ei kleben. Das Geschenkband zu einer Schleife binden. Das Ringelband um deren Mitte knoten. Die Schleife aufkleben.

Karoline
Michael

Nostalgie-Set

Die zarten Blüten und Streifen werden farblich aufs Geschirr abgestimmt.

Sie brauchen für 1 Set:
1 Stück Pappkarton von 35 x 35 cm Größe • 1 Stück Streifenstoff von 45 x 70 cm Größe • Lineal • Klebestift
1,40 m langes und 2,5 cm breites Seidenband • 5 Papierblumen in 3 Farbtönen (Seite 18/19, 1 große, 1 mittelgroße und 3 kleine) • 2 jeweils etwa 9 x 9 cm große und 6 jeweils etwa 2 x 2 cm große Seidenblumenblätter
Schere

1

Den Pappkarton der Zeichnung entsprechend auf die linke Stoffseite legen.

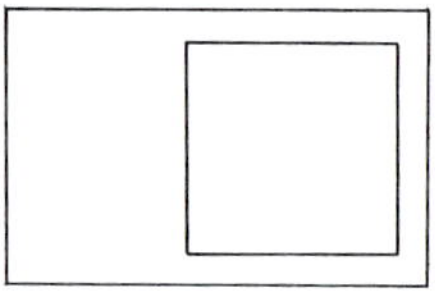

2

Zunächst die Längskanten des Stoffes 5 cm breit mit Kleber bestreichen und umkleben, dann mit den beiden Schmalkanten ebenso verfahren. Das Rechteck wenden.

3

Das Seidenband um die Länge des Rechtecks schlingen. Nun das Stoffstück zum Kartonteil hin raffen und mit dem Seidenband, das zunächst einfach verknotet, dann zur Schleife gebunden wird, fixieren. Die Bandenden mit der Schere v-förmig zuschneiden.

4

Die Drahtenden der großen und mittelgroßen Papierblüten sowie der großen Blätter miteinander verdrehen und um die Schleife wickeln.

5

Jeweils 2 kleine Seidenblumenblätter mit den Drahtenden so um den Stiel einer kleinen Papierblüte schlingen, daß kein Draht mehr zu sehen ist. Die kleinen Blumen auf das Set legen.

Papierblumen herstellen

1 Von einer Rolle Kreppapier Stücke in verschiedener Länge abschneiden. Je größer die Blüten werden sollen, um so länger müssen die Stücke sein.

2 Die Stücke aufrollen, mit einer stumpfen Stricknadel den Papierstreifen an einer Kante stückweise etwa 5 cm überdehnen. 1–2 cm unterhalb der Kante beginnen, schräg nach oben ziehen.

3 Nun den Papierstreifen wenden, so daß die überdehnte Kante zu Ihnen zeigt. Am linken Ende mit der Blume beginnen.

4 Den Anfang etwas nach innen schlagen, dann unter Drehen den Papierstreifen bauschig raffen.

5 Achten Sie beim Raffen darauf, daß die gewellte, überdehnte Kante des Streifens stets umgeschlagen bleibt.

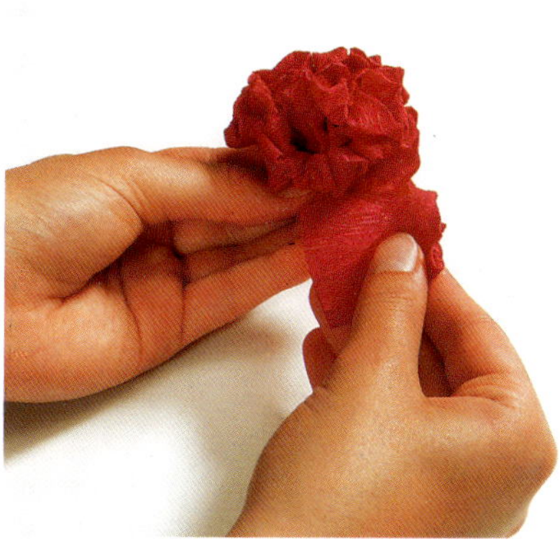

6 Hat die Blüte die gewünschte Größe erreicht, den Streifen mit der Schere abschneiden und das Ende nach innen schlagen.

7 Den »Stiel« der Blüte mit dünnem Bindedraht mehrmals fest umwickeln. Für Gestecke festen Blumendraht verwenden.

8 Richtig echt wirken die Blüten, wenn sie mit Seidenblumenblättern »veredelt« werden.

Blumenkörbchen

Duftige Papierblüten zaubern das ganze Jahr über Sommerstimmung.

Sie brauchen für 1 Körbchen:
festen Blumendraht • Drahtschere
15 Papierblüten in 3 Farbtönen (3 große, 5 mittelgroße und 7 kleine, Seite 18/19) • 4 große Seidenblumenblätter von jeweils etwa 15 x 15 cm Größe • 1 Weiden- oder Bastkörbchen von etwa 17 cm Ø • 1 Packung Knetmasse für Blumengestecke • 5 Kunstefeuranken • 1,5 m langes und 3 cm breites Ramieband

1

Vom Blumendraht mit der Drahtschere 15 – 20 cm lange Stücke abschneiden. Ein Stück Draht an jede Papierblume und auch an die Blätter, falls deren Stiele kürzer als 15 cm sind, drehen.

2

Die Knetmasse in das Körbchen legen. Zunächst 3 Efeuranken in die Mitte stecken und buschig arrangieren, um das Körbchen zu »füllen«. Jeweils 2 Seidenblumenblätter an gegenüberliegenden Punkten so anbringen, daß sie über den Rand des Körbchens ragen.

3

Zwischen das Grün nun die Blüten stecken. Zunächst die großen, dann die mittleren, dann die kleinen grüppchenweise dazwischen verteilen.

4

Das Ramieband in der Mitte zu 3 etwa 12 cm großen Schleifen legen und mit einem Stück Blumendraht fest umwickeln. Die Bandenden eventuell in feine Streifen spalten.

5

Die übrigen Efeuranken seitlich zu den Seidenblumenblättern stecken und um das Körbchen drapieren. Zuletzt die Schleife zwischen die Blüten stecken.

Strandgut-Set

Das macht gute Laune und Lust auf Sommer, Sonne, Strand und Meer.

Sie brauchen für 1 Set:
1 Stück Pappkarton von 36 x 46 cm Größe • Lineal • Bleistift
Schneidemesser • Alleskleber • Schere
1 Stück Bastgeflecht oder Rupfen von etwa 20 x 22 cm Größe • 60 cm langes und 4 cm breites, grobmaschiges Sisalband • 35 cm langes und 2,5 cm breites Ramieband • 65 cm langes und 1 cm dickes Hanfseil • verschiedene Muscheln, eventuell auch Seeigelschalen, Seepferdchen oder Seesterne • Filzstift

1

Auf dem Kartonstück der Länge nach mit Lineal und Bleistift 5 jeweils 6 cm breite Streifen markieren und mit dem Schneidemesser ausschneiden, aus dem restlichen Stück 2 jeweils 34 cm lange und 3 cm breite Streifen herstellen.

2

Die beiden schmalen Streifen im Abstand von 32 cm zueinander legen. Nun die breiten Streifen quer dazu in knappen Abständen so auf beide Leisten kleben, daß die Leisten oben und unten noch etwas überstehen.

3

Mit der Schere das rechte untere Eck des Sets zackig zuschneiden.

4

Das Bastgeflecht an allen Kanten unregelmäßig ausfransen und schräg an die obere linke Ecke des Sets kleben.

5

Das Sisalband einmal zusammenlegen und auf das Baststück kleben; die Schnittkanten zeigen dabei nach rechts. Das Ramieband an den Enden ausfransen, ebenfalls in der Mitte knicken und auf das Sisalband kleben.

6

Das Hanfseil in der Mitte durchschneiden. Die Enden jeweils etwa 2 cm ausfransen. Beide Hälften zu einer Schlinge legen. Diese verknoten und festziehen.

7

Den Seilknoten zusammen mit den Muscheln auf oder zwischen die Bänder legen. Für das Namensschild aus dem restlichen Karton ein etwa 3 x 13 cm großes Stück zurechtschneiden und mit Filzstift beschriften.

THOMAS

Haifischschwarm

Keine Angst – die Tierchen sind völlig harmlos.

Sie brauchen für 3 Fische mit Netz:
2,5 cm breites Ramieband in beliebiger Länge (zum Beispiel 48 cm für einen großen, 33 cm für einen mittelgroßen oder 23 cm für einen kleinen Fisch)
Lineal • Bleistift • Schere
1 Wattekugel von 1 cm Ø • Alleskleber
1 Stück Fischernetz von etwa 1 x 1,5 m Größe (gibt es in Dekorationsläden oder Fachgeschäften für Fischereibedarf; es eignet sich aber auch ein Vogelnetz aus dem Gartencenter)

!

Je mehr Fische Sie basteln, desto effektvoller ist die Deko. Sie paßt übrigens gut zum Strandgut-Set (Anleitung Seite 22).

1

Für eine Rückenflosse zunächst ein 3 cm langes Stück Band abschneiden und der Schemazeichnung entsprechend segelförmig zuschneiden. Entlang der gestrichelten Linie knicken.

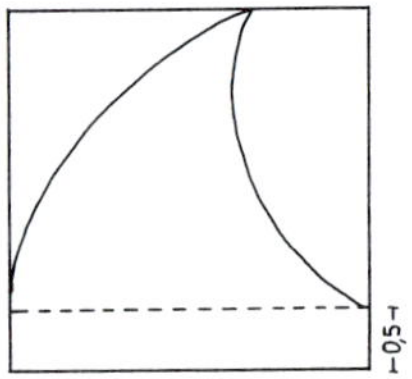

2

Ein langes Stück Band (45, 30 oder 20 cm) zur Hälfte legen und knicken. Von den Enden jeweils 4 – 5 cm bei den größeren Fischen oder 2 – 3 cm bei den kleineren abmessen und mit Bleistift markieren.

3

Die markierten Stellen der Schemazeichnung entsprechend bis zur Hälfte der Streifenbreite einschneiden. Die Schnittstellen ineinanderstecken.

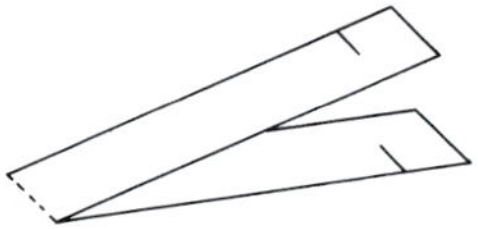

4

Die Rückenflosse mit dem abgeknickten Streifen ankleben, die Wattekugel als Auge in den Fisch kleben. Die Fische mit dem Fischernetz dekorativ anordnen.

Teddybär

Er findet sicher schnell Freunde, die sich von ihm zu Tisch bitten lassen.

Sie brauchen für 1 Bär:
Zirkel • 1 Stück Pappkarton von 50 x 60 cm Größe • Lineal
1 Schüssel von etwa 34 cm Ø • Bleistift
Schere • 1 Stück Geschenkpapier von 20 x 35 cm Größe • Alleskleber
die Hälfte von 1 Styroporkugel von 9 cm Ø • 3 Streifen Kreppapier in 3 Farben von jeweils 20 x 15 cm Größe
50 cm langes und 1 cm breites Seidenband • schwarzen Folienschreiber

1

Mit dem Zirkel auf den Pappkarton 4 Kreise von jeweils 10 cm Ø für die Pfoten, 2 Kreise von je 8 cm Ø für die Ohren und 1 Kreis von 20 cm Ø für den Kopf zeichnen. Für den Bauch die Schüssel auf den restlichen Karton legen und mit Bleistift umranden. Alle Kreise ausschneiden.

2

Das Geschenkpapier auf eine Hälfte des Bauchkreises kleben und rund zurechtschneiden.

3

Die Kartonkreise der Schemazeichnung entsprechend aufeinanderkleben, die Styroporhalbkugel in der Mitte des Kopfes befestigen.

4

Die Kreppapierstreifen der Länge nach aneinanderlegen und in der Mitte raffen. Das Seidenband um die Mitte schlingen und zu einer Schleife binden.

5

Die Riesenschleife an den Hals des Teddys kleben. Mit Folienschreiber das Gesicht aufmalen.

Junior-Bär

Als Platzhalter ist er die ideale Ergänzung zu seinem großen Kollegen.

Sie brauchen für 1 Junior:
Zirkel • 1 Stück Pappkarton von etwa 20 x 20 cm Größe • Schere
1 Stück Geschenkpapier von 6 x 10 cm Größe • Alleskleber • die Hälfte von 1 Styroporkugel von 3 cm Ø
3 Kreppapierstreifen in 3 Farben von jeweils 6 x 8 cm Größe
10 cm langes und 1 cm breites Seidenband • 1 Zahnstocher
1 Streifen Tonpapier von 2,5 x 7 cm Größe • schwarzen Folienschreiber

1

Mit dem Zirkel auf den Pappkarton 4 Kreise von jeweils 4 cm Ø für die Pfoten, 2 Kreise von jeweils 3 cm Ø für die Ohren, 1 Kreis von 6 cm Ø für den Kopf und 1 Kreis von 10 cm Ø für den Bauch zeichnen. Alle Kreise ausschneiden.

2

Das Geschenkpapier auf eine Hälfte des Bauchs kleben und zurechtschneiden.

3

Die Kreise nun der Schemazeichnung entsprechend aufeinanderkleben, die Styroporkugel in die Mitte des Kopfes befestigen.

4

Die Kreppapierstreifen der Länge nach aneinanderlegen und in der Mitte raffen. Um die Mitte das Seidenband schlingen und zu einer Schleife binden.

5

Die Papierschleife an den Hals kleben. Mit dem schwarzen Folienschreiber das Gesicht aufmalen.

6

Den Tonpapierstreifen an einer Schmalseite v-förmig einschneiden. Die andere Seite um ein Ende des Zahnstochers kleben. Das Fähnchen beschriften und in die Bärentatze stecken.

Christine
Matthias

Weihnachtsstern

Verschiedene Goldfolien geben einen effektvollen Rahmen.

Sie brauchen für 1 Set:
1 Stück schwarzen Fotokarton von 40 x 40 cm Größe • Lineal • Bleistift
2 Stück Klebefolie in verschiedenen Goldtönen von je 13 x 26 cm Größe
Schere • 40 selbstklebende Goldsternchen

1

Die Seitenmitten des Kartonquadrats mit Bleistift markieren und miteinander verbinden (die gestrichelten Linien).

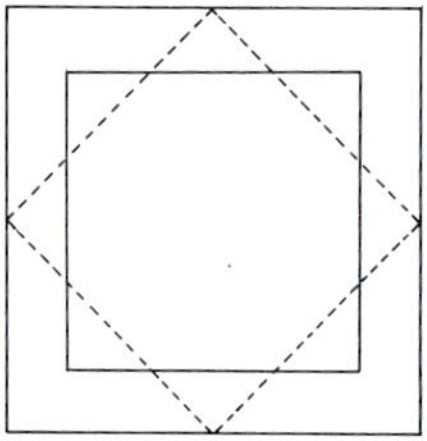

2

Auf den Karton im Abstand von jeweils 7 cm zu den Rändern ein Quadrat mit 26 cm Seitenlänge zeichnen.

3

Die beiden Folienstreifen quer halbieren, so daß sich 4 Quadrate von jeweils 13 cm Seitenlänge ergeben. Die Quadrate diagonal durchschneiden.

4

Zunächst ein Dreieck der Schemazeichnung entsprechend in eine Ecke des inneren Quadrats auf den Karton kleben, jedoch noch nicht fest andrücken.

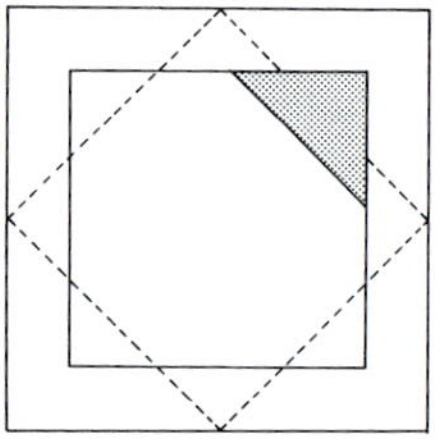

5

Im Uhrzeigersinn das zweite Dreieck (im Farbton zum ersten abweichend) so aufkleben, daß die Spitze sich mit der folgenden Ecke des Diagonalenquadrats deckt.

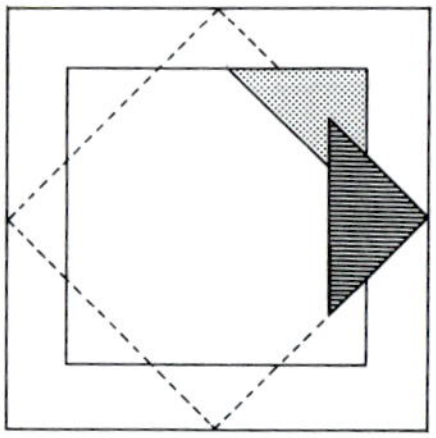

6

Die nächsten Dreiecke wieder wie unter Punkt 4 und 5 beschrieben aufkleben. Beim letzten Dreieck die anschließende Ecke des ersten Dreiecks anheben und die Ecke des letzten Dreiecks darunterschieben. Zuletzt die Goldsterne aufkleben.

Riesenschleife und Serviettenring

Beide passen in anderen Farbkombinationen zu vielen Gelegenheiten.

Sie brauchen für 1 Schleife:
1,20 m langes und 10 cm breites Gitterband • 1,60 m langes und 7 cm breites Goldband
1 m langes und 5 cm breites Brokatband
1,5 m langes und 2,5 cm breites Goldband (alle Bänder sollten möglichst drahtverstärkte Kanten haben)
60 cm Ringelband • Schere • Stecknadel
Sie brauchen für 1 Serviettenring:
2 Stück schwarzen Fotokarton von je 8 x 8 cm Größe • 1 Stück goldfarbene Klebefolie von 8 x 8 cm Größe • Zirkel
Schere • Alleskleber
12 selbstklebende Goldsternchen

1

Für die Riesenschleife die Bänder zu jeweils einer Schleife raffen und ineinanderlegen (Seite 34/35). Dabei mit dem breitesten Band beginnen; die Schleife sollte etwa 30 cm groß sein. Die folgenden Bänder zu jeweils kleineren Schleifen, das schmalste Band für die Mitte zu 4 kleinen Schleifen legen.

2

Nun das Ringelband um die Mitte der Schleifenlagen binden und fest verknoten. Die Enden der Schmuckbänder schräg oder v-förmig zuschneiden, die des Ringelbandes mit der Stecknadel in jeweils 3 feine Streifen spalten. Zuletzt die Schlaufen bauschig zupfen.

3

Für den Serviettenring 1 Kartonstück mit Goldfolie bekleben. In die Mitte beider Kartons mit dem Zirkel einen Kreis von 4 cm Ø zeichnen und ausschneiden.

4

Das schwarze Quadrat so auf das goldene kleben, daß sich ein achtzackiger Stern ergibt. Zuletzt die Goldsternchen aufkleben.

Riesenschleife binden

1 Sie brauchen Bänder in verschiedenen Breiten, Qualitäten, Mustern und Farben. Die Farben können Sie Ton in Ton oder kontrastierend wählen.

2 Zunächst das breiteste Band zu einer großen Schleife legen. Bei einer Bandbreite von zum Beispiel 8 cm kann die Schleife etwa 30 cm groß sein.

3 Die Mitte der Schleife von Hand raffen, ein Stück Ringelband darumbinden und doppelt verknoten.

4 Das nächst schmälere Band zu einer kleineren Schleife legen und mit dem Ringelband auf der ersten Schleife festbinden. So weiterarbeiten.